27
L n 16707

CHAMBRE DES PAIRS.

Séance du 2 avril 1840.

ÉLOGE

DE M. LE BARON DE PRONY,

PRONONCÉ

PAR M. LE BARON CHARLES DUPIN.

Messieurs,

Je viens rendre hommage à la mémoire d'un savant et d'un sage, qui fut mon maître et mon ami. Il m'a fallu lutter contre mon sujet pour ne point dépasser les limites de temps consacrées par l'usage à ce pieux devoir. J'avais à parcourir soixante années de services rendus aux sciences, aux arts, à la patrie, sous huit gouvernements, à travers les obstacles et les dangers de deux révolutions. Comme il ne s'agit point ici de jeux d'esprit académiques, il ne suffit pas d'exposer les recherches et les découvertes, même d'un beau génie; il faut avant tout montrer l'homme, et peindre son caractère, éclairé souvent par les lumières de la vie publique, et quelquefois davantage par un simple reflet de la vie privée.

Afin de concilier des conditions si diverses, je ne vous offrirai qu'un rapide exposé des travaux les plus remarquables, des événements les plus graves dont je dois honorer le souvenir; et je passerai sous silence plus de titres qu'il n'en faudrait pour assurer à tout autre qu'à l'illustre collègue dont nous déplorons la perte, une juste célébrité.

Dès 1776, le jeune Riche de Prony prend place et se distingue à l'École des ponts et chaussées, sous le patronage affectueux du directeur, M. Perronet, alors Premier-ingénieur de France. Il acquiert ensuite la pratique et l'expérience des travaux publics, dans les provinces et les ports de mer. En 1783, le Premier-ingénieur, qui n'a point cessé de suivre ces progrès avec un tendre intérêt, pour faire appliquer aux plus grands projets des connaissances scientifiques très-rares alors, fait placer près de lui l'élève qu'il a chéri par-dessus tous les autres.

Ici nous trouvons le premier effet d'un heureux don que M. de Prony reçut de la nature, de ce don qui, dans la vie, devient la source des plus durables fortunes et du bonheur de tous les jours: c'est celui de conquérir la bienveillance de ses émules et l'affection de ses chefs, malgré l'éclat de ses talents. La physionomie douce et prévenante du jeune ingénieur promettait du premier abord ce que justifiait ensuite un commerce familier. Même après avoir atteint sa plus haute fortune, nous le verrons rester simple et modeste dans ses manières, naturel et bon dans son accueil; obligeant envers tous, encourageant avec la jeunesse, affable avec ses inférieurs, ne soupçonnant pas même que la fatuité puisse affecter avec des égaux un air de supériorité; enfin, laissant à la présomption, à la suffisance, une carrière si libre, que la vanité même oubliait d'être offensée à l'aspect d'un si grand mérite, qui toujours semblait s'ignorer soi-même.

Appeler M. de Prony dans la Capitale, où tendent comme à leur centre les talents supérieurs, c'était lui préparer la renommée; c'était lui ménager un bonheur plus doux encore. Il pourra bientôt attirer sur ce théâtre son frère puîné, il pourra l'aider, de son modeste traitement, à suivre la vocation décidée qui le porte à l'étude des sciences naturelles. Cuvier, contemporain de ce jeune homme, le connut et l'aima, dirigea ses travaux, applaudit à ses voyages de découvertes, et lui prédit la gloire. La mort, en frappant sa victime à la fleur de l'âge, pouvait seule démentir cet oracle du génie prononcé sur le talent; elle n'obtint pas en entier ce triste avantage, parce que l'homme illustre dont le suffrage décernait les réputations jugea dignes de ses éloges publics et de ses plus touchants regrets les travaux, les projets et le caractère du second des Prony(1) : le premier comprit à cette élo-

(1) Citons ici l'opinion de l'illustre naturaliste, au sujet du frère de M. de Prony :

« Les Mémoires que les sociétés auxquelles il était agrégé conservent dans leurs archives, portent l'empreinte d'un génie élevé, qui embrasse dans toute leur généralité les questions

quence qu'il possédait un nouveau frère. Ce fut
une tendre affection qui dura quarante années,
entre deux hommes conduits au rang le plus élevé
par les voies les plus dissemblables, entre deux
caractères qui n'avaient de commun que la bonté
du cœur et l'amour de la science. L'un ardent,
actif et dominateur des esprits, universel par les
désirs, les travaux, les emplois et les honneurs;
l'autre, insouciant des grandeurs, partageant sa
vie entre ses calculs, sa musique et sa poésie, car
il aimait tout cela comme autant d'amis; tour à
tour attentif et distrait au milieu de la société,
comme un artiste que captivent de pures sensa-
tions, comme un savant qui s'isole avec ses idées,
même à l'instant qu'il observe le monde avec autant de profondeur que de finesse.

Quels souvenirs pleins de charme et de regrets
offre à tous ceux qui l'ont connue cette réunion
du Muséum d'histoire naturelle, où, tous les sa-

---

qui l'occupent, et qui en fait apercevoir toutes les faces. On
aperçoit dans ses ouvrages le physicien ingénieux´, le méta-
physicien profond, l'écrivain élégant..... »

Cuvier termine ainsi son éloge :

« Ce confrère si aimable, cet ami si tendre, ce savant si
laborieux, cet esprit si vaste, moins empressé de se faire une
réputation précoce que d'en assurer la durée, avait passé sa
jeunesse à préparer les travaux de l'âge mûr ; il s'était ensuite
dévoué à une entreprise longue et périlleuse; l'ardeur avec
laquelle il se livrait à ces soins y a mis un terme prématuré,
et sa mémoire ne subsisterait bientôt que dans le cœur de ses
amis, s'ils ne s'empressaient de lui ériger un monument qui
atteste en même temps ce qu'il était et ce qu'il est devenu. »

medis, l'illustre ami du baron de Prony réunissait l'élite de la France et de l'Europe savante! Lorsque le Buffon de notre siècle fuyait le tumulte de Paris pour rentrer au Jardin-des-Plantes, cet autre temple de la Paix, il dépouillait en quelque sorte l'homme public et les vanités mondaines et les soucis du pouvoir; il laissait là le fonctionnaire pour n'être plus qu'un grand génie, que le révélateur des espèces disparues du globe, et le comparateur, disons mieux, le législateur des espèces animées. Alors il se montrait simple, bienveillant, gracieux envers tous, au milieu d'une famille accomplie et d'un cercle digne de lui. Prony, pour entrer chez son ami, n'avait rien à modifier; il apportait son naturel, sa bonhomie, sa gaieté, ses récits aimables qui n'ont pas connu la vieillesse, et qui groupaient autour de lui de jeunes et belles personnes, spirituelles et gracieuses, tout étonnées de ce charme opéré sur elles à l'insu du magicien! Hélas! de ce monde supérieur disparurent d'abord la fille de Cuvier, et trop tôt après Cuvier lui-même...

Une loi, commandée par l'admiration publique, fit acquérir à l'État et conserver intacts les cabinets, les livres, les collections du grand naturaliste, en accordant à sa veuve d'habiter, je dirais presque de desservir ce sanctuaire. Là, pendant sept années encore, attiré par le même culte, Prony ne manqua jamais au rendez-vous hebdomadaire qu'avait consacré celui qui n'y pouvait plus assister que par les monuments de son génie et par le souvenir de ses tendres affections.

Voilà des amitiés qui serviraient de modèle, voilà des fidélités inaltérables, qui feraient aimer par la postérité, même des êtres sans nom, et qui se gravent dans nos âmes comme un sublime souvenir de ces hautes intelligences que placent plus haut encore les vertus les plus humaines.

Pardonnez-moi ce récit. Il m'a semblé qu'en vous faisant connaître le cœur de l'homme par le tableau d'affections que Plutarque même, le modèle des biographes, eût accueillies de préférence, vous prendriez plus d'intérêt à des talents qui vous rappelleront aussi les qualités de l'âme.

Le premier succès éclatant de M. de Prony va récompenser l'affection tutélaire qu'a conçue pour lui Perronet, son maître et son protecteur. A peine celui-ci décintre-t-il son admirable pont de Neuilly, qu'un tassement très-sensible, mais qui devait s'arrêter, est mis à profit par l'envie. La voilà qui se pare d'un masque mathématique, pour prédire et paraître démontrer une chute imminente à ce chef-d'œuvre de solidité, de hardiesse et d'élégance. Il faut défendre, au tribunal de l'Académie des sciences, contre des attaques hérissées de calculs, la stabilité, la structure du chef-d'œuvre contesté. M. de Prony saisit la question dans sa plus haute généralité ; pour la résoudre, il crée sa *Théorie de la poussée des voûtes*, théorie qui, même aujourd'hui, sert à calculer les éléments des grandes constructions.

Le triomphe obtenu pour honorer, pour justifier l'œuvre d'un second père, fit admirer le talent et chérir le caractère du jeune et brillant géomètre. Ainsi, par un double bonheur, qui depuis ne l'a plus quitté, il mérita la renommée et ne lui dut que des amis. _

Disons le secret d'une félicité si rare : loin d'être séduit par le succès de la polémique d'un ordre si supérieur, qu'il avait courageusement acceptée afin d'obéir au besoin de la gratitude, il n'a jamais disputé pour défendre ses idées, son talent ni ses travaux, qui se sont défendus d'eux-mêmes.

Le voici rentré, pour n'en plus sortir, dans le cercle de paix et d'utilité qui convient à son génie. Il prend sa part scientifique à l'examen des projets médités pour fonder la digue de Cherbourg, et pour réparer des ruines jadis imposées par la jalousie de l'Angleterre au port de Dunkerque. Afin d'ajouter à la perfection de nos entreprises nationales, il parcourt, avec son chef et son Mécène, l'intérieur et les côtes de cette contrée rivale, où s'élève un admirable ensemble de travaux publics et privés.

Déjà Smeaton, aux rivages du Devonshire, avait bâti sur un rocher de l'Océan le phare d'Eddystone, non moins admirable pour la science des formes que pour l'audace du travail et la perfection de la structure. Le duc de Bridgewater et Brinckley, son ingénieur, jouissaient des résultats qu'avait eus leur exemple, et de l'impulsion puissante donnée par l'achèvement et le succès de leur canal. Liverpool, afin de suivre les progrès de son commerce, développait par degrés la construction de ses docks, où venait déboucher une extrémité de cette ligne navigable ; Manchester, à l'autre extrémité, multipliait les miracles de son industrie, à laquelle Arkwright, avait imprimé l'essor. Watt, aux portes de Birmingham, donnait un développement immense à la construction de ses machines motrices, qui devaient procurer à la Grande-Bretagne la supériorité du travail manufacturier. Deux autres Écossais, Telford et Rennie, préparaient en silence les matériaux de leur célébrité future, que tant de monuments ont ensuite consacrée dans l'intérieur et sur les côtes des trois royaumes. Les arsenaux de la marine, parmi leurs travaux hydrauliques, offraient un somptueux ensemble de formes de construction et de bassins; enfin Londres s'enorgueillissait de ses ponts de Blackfriars et de Westminster, plus grands, plus somptueux et pourtant moins parfaits, moins beaux, moins hardis que ceux du grand maître français. Tels étaient les travaux qui s'offraient à l'étude, à l'admiration des deux illustres voyageurs (1).

M. de Prony peut voir la fin des opérations exécutées pour rattacher la position astronomi-

---

(1) A dater de cette époque, M. de Prony commença des relations d'amitié, que vingt-deux années de guerre ne purent pas interrompre, avec les ingénieurs et les savants les plus illustres de l'Angleterre. Lorsque, après la paix de 1815, l'auteur de cet éloge partit aussi de Dunkerque pour étudier les travaux publics de la Grande-Bretagne, les recommandations bienveillantes de M. de Prony lui ouvrirent aussitôt le cabinet, le portefeuille et les ateliers des plus célèbres ingénieurs d'outre-mer. Quand ils exprimaient avec liberté leur pensée, ils ne balançaient pas à placer leur ami français au premier rang des ingénieurs du continent européen.

que de Greenwich à celle de Paris : il traduit en français la description savante des moyens employés pour mesurer la base de Hounslow Heath, en Middlesex, et la publie en 1787.

A cette époque, il est chargé de diriger, comme inspecteur de confiance, la construction du pont Louis XVI, ce dernier des monuments que Perronet a bâtis pour l'admiration de la postérité.

Qui ne croirait qu'une existence aussi laborieusement remplie ne soit tout entière absorbée par ces travaux accumulés? Cependant, au milieu de pareils devoirs, accomplis avec un zèle inépuisable, M. de Prony met à profit sa science, son expérience et ses voyages, pour réduire en corps de doctrine et soumettre à l'analyse mathématique la matière si vaste et si difficile de l'architecture hydraulique : sujet abordé seulement dans sa partie pratique par le célèbre Bélidor. En 1790, il publie la première moitié de ce grand ouvrage, où des recherches profondes sont enchaînées avec méthode et présentées avec lucidité.

Pour faire suite à ce vaste travail, dans la même année il offre à l'Académie des sciences une théorie complétement neuve sur la force expansive de la vapeur, dans les divers degrés de température ; théorie fondée sur des expériences accomplies en commun avec M. de Bettancourt. Cette alliance de travaux suffit à l'ingénieur étranger pour lui faire donner, plus tard, la direction supérieure des voies de communication, dans l'empire de Russie.

Désormais la place de l'ingénieur français est marquée parmi les géomètres les plus habiles à faire servir l'instrument du calcul aux applications des travaux publics. A ce titre, on lui confie la direction d'un cadastre général, rendu nécessaire par les innovations profondes qu'a portées l'Assemblée constituante sur l'imposition des propriétés territoriales, affranchies de tout privilége.

Nous atteignons la fin de 1791. Les événements graves se précipitent ; ils font ajourner l'exécution des grands levés sur le terrain, qu'exigera le cadastre. Mais bientôt, de l'organisation centrale préparée pour ces travaux géodésiques, nous verrons sortir une magnifique entreprise de calcul, que les sciences signalent avec orgueil comme le plus bel ouvrage en son genre qu'aient encore exécuté les modernes.

Tandis que les journées du plus laborieux des hommes s'écoulent dans le charme et l'abstraction des travaux méditatifs, l'état social arrive à la dernière journée où s'engloutit l'ancien ordre de choses. Voilà qu'au 10 août 1792 le canon des batailles rugit, du Carrousel à la place Louis XV. M. de Prony, qui réside encore à l'hôtel des Invalides, où son oncle est trésorier, si près du foyer des combats, absorbé dans la profondeur de ses recherches, n'a rien ressenti qui l'en fît interrompre le cours : seulement le soir, lorsqu'il se réunit, suivant l'usage, à la société du gouverneur, il voit la consternation empreinte sur tous les visages ; il s'enquiert du malheur particulier qui peut être survenu ; il ne revient pas de son étonnement, au récit du combat et de la catastrophe ! Il s'explique cependant, par réflexion, comment, au milieu de ses méditations et de ses calculs, il lui semblait avoir entendu quelque chose....

La voix basse du malheur, qui gémit autour de lui, sait autrement se faire entendre à son cœur : on va poursuivre ses amis. Le gouverneur des Invalides, il avait nom marquis de Sombreuil, est jeté dans les prisons, aux jours qui précèdent les assassinats de septembre ; son gendre, le comte de Pluvier, officier supérieur dans les gardes de Louis XVI, échappé par miracle aux massacres du 10 août, M. de Prony le cache dans sa campagne d'Anières, et lui sauve la vie. Pour compléter ce bonheur, trois semaines plus tard, la magnanime épouse de cet officier, celle que la postérité ne connaît que sous le nom qui rappelle l'héroïsme de la piété filiale, Mademoiselle de Sombreuil, pour racheter la vie d'un père, en lui faisant un rempart moral de son corps faible et délicat, elle est réduite, sur l'infâme préau de la prison, à boire le vin des bourreaux, dans une coupe ensanglantée.

Longtemps après, lorsqu'un génie réparateur ouvrit les portes de la France aux infortunés qui s'étaient réfugiés sur le sol étranger pour fuir les échafauds, le comte de Pluvier et Mademoiselle de Sombreuil se firent un devoir religieux de visiter le séjour d'Anières, chaque année, au 10 août, pour apporter l'hommage d'une gratitude toujours nouvelle, à leurs amis de tous les temps, M. et Madame de Prony.

Oh ! combien s'embellit le plus modeste asile que les champs puissent offrir, lorsqu'il rappelle, à la mémoire du sage, de semblables souvenirs....

Dans l'heureux séjour que l'illustre ingénieur s'était créé près de la Capitale, ses études chéries lui procuraient les plaisirs purs et généreux qui versent sur les heures du travail un nouveau rayon de bonheur, à chaque vérité soupçonnée, puis découverte, et puis enfin démontrée pour prendre place dans le cadre de quelque grande théorie.

Singulière destinée de la gloire nationale! Aux époques mêmes où la fatalité de la barbarie planait sur la France, au moment où le fléau de la destruction frappait à la fois les institutions, les familles, les renommées et les monuments, alors l'élite des savants du xviiie siècle continuait ses travaux, sans daigner les suspendre pour s'arrêter en présence de la subversion, ni reculer à l'aspect des ruines; elle inventait et construisait d'autres monuments, que ne pût jamais atteindre la fatalité destructive d'aucune race révolutionnaire : Lagrange méditait la théorie qui portait une rigueur, auparavant inconnue, dans le calcul inventé par Leibnitz et Newton; Laplace amassait les matériaux de sa Mécanique céleste, et, dans un style qui rappelle la majesté calme de Platon et la dignité de Buffon, il écrivait l'Exposition du système du monde; Legendre préparait sa Théorie des nombres, œuvre de toute une vie; Delambre et Mechain mesuraient la méridienne de France, pour rattacher aux dimensions de la terre les bases du système métrique; Borda perfectionnait l'art des expériences, pour arriver au même résultat en suivant une autre voie; enfin, Prony préparait ses tables logarithmiques, dont nous ferons bientôt connaître la grandeur et la perfection.

Cette impassibilité de la science, cette protestation muette du génie, ne plaisaient pas plus à la tyrannie de 1793 que les méditations d'Archimède ne plurent au soldat romain qui sacrifia ce grand homme, parce que le savant voulait poursuivre son travail et n'avait pas peur de lui.

La tyrannie regarde comme un hommage, et je dirais presque comme un acte de fidélité, qu'on accepte sans hésiter la terreur qu'elle commande et qu'elle subit la première. Le silence inébranlable de Thraséa la blesse et l'effraie dans le sénat; et l'homme supérieur qui, réfugié dans l'impassibilité de l'étude, y puise une sérénité d'âme qu'elle ne peut concevoir, par cela même est suspect à ses yeux.

Voilà le crime dont le citoyen Prony s'était rendu coupable, sans le savoir, et dont il fut averti par ce billet laconique : « Tu viens d'échapper à la mort; vis circonspect et retiré : si le péril recommence, tu seras averti. »

Le personnage puissant et généreux qui veillait sur les jours de Prony et de tous les beaux génies dont je viens de rappeler les travaux, était lui-même un géomètre éminent par ses découvertes : c'était l'émule et le panégyriste de Vauban; c'était le préparateur invisible de nos grandes victoires, c'était Carnot. Il achevait de travailler à la gloire de la France, lorsqu'il veillait sur l'existence des savants qui reculaient incessamment, pour l'honneur de la nation, les bornes de l'esprit humain.

Cette génération d'hommes illustres, aristocratie de la renommée, la seule qui restât à moissonner, devait trouver sa meilleure garantie dans le besoin que les proscripteurs mêmes allaient avoir de son génie. La guerre, déclarée d'abord contre une seule Puissance, s'étend comme un incendie à travers les États poussés contre nous par l'ambition, la peur et la haine. Au bout d'une année, il faut à la fois résister aux Prussiens, aux Autrichiens, aux Bataves, aux Anglais, aux Piémontais, aux Espagnols. Dans ce même temps, la faux révolutionnaire a renversé les écoles préparatoires qui formaient des sujets pour les armes savantes de l'artillerie, du génie et de la marine. C'est alors que les principaux officiers des services militaires et civils se réunissent avec les théoriciens du premier ordre, pour faire adopter le plan de cette École Centrale des travaux publics qui, peu de temps après sa naissance, reçoit le nom, devenu si célèbre, d'École polytechnique.

La grandeur des besoins exigeait que les professeurs et les examinateurs fussent choisis parmi les hommes dont les découvertes attestaient l'éminente supériorité : c'étaient Laplace et Legendre pour examiner les élèves; c'étaient Berthollet, Fourcroy, Guyton, pour professer les sciences chimiques; c'étaient Lagrange, Monge et Prony pour professer les sciences mathématiques.

Lorsqu'on organisait ainsi l'École polytechnique, la terreur dominait toujours. Depuis un an, l'Académie des sciences n'existait plus; elle avait succombé comme toutes les grandes créations qui dataient des siècles antérieurs. Cette école était donc, à sa naissance, le seul asile où les savants dispersés trouvassent à la fois un refuge contre la persécution, et je dirais presque un sanctuaire pour y conserver le feu sacré des études et des découvertes.

Il faut se reporter à ces temps, à ces circonstances, à cet amour profond de la patrie, qui dévorait tous les cœurs dans ce grand danger du pays ; il faut se figurer l'enthousiasme de la jeunesse, en recevant des leçons d'hommes que précédait une immense renommée, pour se peindre l'ardeur de travail et la soif de succès, qui saisissaient en même temps les fondateurs de la grande institution et tant d'élèves que les batailles réclamaient par la voix enivrante de la victoire.

Animés d'une émulation infatigable, les créateurs du nouvel enseignement ne se bornaient pas à faciliter les abords, à planter de nouveaux jalons, à reculer les bornes de la carrière ouverte aux élèves; ils suffisaient encore à la publication qui seule pouvait consoler l'Europe de l'interruption forcée que subissaient les Mémoires de l'Académie des sciences, détruite en 1793. Les théories, les découvertes, les leçons de M. de Prony tiennent une place honorable dans la collection publiée sous le titre modeste de *Journal de l'École polytechnique.*

Au milieu de ces travaux le même savant pouvait, par un prodige d'activité, de zèle et de force d'intelligence, suffire encore à la grande entreprise de ses tables logarithmiques, dont il faut maintenant caractériser le mérite.

Le problème à résoudre était de surpasser tout

ce que les savants les plus laborieux et les plus
persévérants étaient parvenus à produire. Mais
quels moyens employer pour atteindre un tel
résultat? La carrière la plus prolongée d'un ou
de plusieurs géomètres n'y pouvait suffire. Il fallait commencer par découvrir une méthode nouvelle, afin d'abréger la confection même des tables destinées à procurer un semblable bienfait
pour tous les autres genres de calcul.

Le hasard y pourvut; mais un hasard tel qu'il
s'en présente aux observateurs de génie, pour qui
rien de fortuit et d'heureux ne peut tomber en
vain sous leurs regards.

Un jour, M. de Prony parcourait ces débris nombreux de bibliothèques détruites en des temps
malheureux, et revendues à vil prix sur la voie publique. L'ouvrage d'Adam Smith tombe sous sa
main; le volume qu'il ouvre lui présente le cha-
pitre admirable où le savant écossais analyse, avec
tant de profondeur et de finesse, le mécanisme et
les miracles de la division du travail. L'application
qu'il présente est bien humble : c'est la fabrication
d'une épingle par les mouvements simplifiés, et
rendus ainsi très-rapides, d'un grand nombre d'individus dont chacun accomplit d'autant mieux sa
tâche, qu'elle est à la fois plus courte et plus
élémentaire.

Un trait de lumière jaillit dans l'imagination du
géomètre. Ces nombres immenses dont la grandeur
effraie l'imagination, il va, ne disons plus les calculer, les construire; il va les fabriquer, en imitant
la simplicité, la rapidité, la précision du travail
d'une épingle.

Des savants du plus haut mérite rechercheront avec lui les formules fondamentales et leurs déductions premières. Des algébristes, suffisamment expérimentés, accompliront les opérations intermédiaires. Enfin, des calculateurs du dernier ordre, capables d'opérer sans faute une simple addition, n'auront pour labeur journalier que d'ajouter machinalement, infatigablement, des nombres à d'autres : l'expérience va prouver que les plus automatiques seront ceux qui, moins distraits et moins penseurs, commettront les erreurs les plus rares.

Une telle combinaison permettait que M. de Prony s'adjoignît à la fois pour coopérateurs, et des hommes d'un rare talent, dont plusieurs tremblaient pour leurs jours, et de simples commis, des artisans, des artistes mêmes, que l'anéantissement d'une foule d'industries somptuaires avait privés de travail. Aux habiles il donnait la sécurité, aux pauvres il donnait du pain; et, de ce double bienfait, qui tenait à des tempêtes heureusement passagères, allait sortir une œuvre digne de vivre à jamais.

Voilà pour l'humanité, voici pour la grandeur de l'entreprise.

La collection de tables qu'il a fallu deux ans pour composer, remplit dix-sept volumes grand in-folio; ils sont déposés par le Gouvernement à l'ervatoire de Paris comme une œuvre unique, unniel e, qui présente des ressources inappréciables ffertes non-seulement aux savants nationaux, mais aux savants étrangers, heureux de la consulter.

Lorsqu'on réfléchit qu'un incendie, un pillage, un désastre quelconque, pourrait anéantir un monument si précieux pour la science et si glorieux pour la patrie, on éprouve le désir le plus ardent de le voir multiplié par la voie de l'impression. Déjà, sous le Directoire exécutif, cette publication avait été commencée; c'était le célèbre Firmin Didot qui devait accomplir cette entreprise, avec la perfection qu'il savait mettre à ses travaux. La dépréciation scandaleuse et méritée des assignats, et la décadence du pouvoir directorial, firent suspendre l'entreprise.

Le Gouvernement de la Grande-Bretagne, appréciant le bienfait d'une semblable publication pour tous les peuples éclairés, fit offrir, sous la Restauration, d'en partager avec nous la dépense; mais le savant sir Charles Blagden, chargé de conduire à terme cette négociation honorable pour les deux pays, mourut avant d'avoir triomphé des difficultés élevées, le croirait-on, du côté de notre patrie!

Aujourd'hui, à ma prière, les dignes héritiers du talent et du nom de Firmin Didot, jaloux d'accomplir une entreprise qu'avait commencée leur père, s'offrent à prendre la place de l'Angleterre en supportant la part des sacrifices qu'aurait soldée cette Puissance. Il faudra voir si le Gouvernement du peuple français égalera la générosité d'une maison de librairie, pour assurer à la science un monument impérissable, et donner au monde savant l'œuvre nationale qu'admirent tous les esprits éclairés?

Tandis que M. de Prony poursuivait la magnifique entreprise dont nous venons d'esquisser l'historique, le moment était venu pour les antagonistes de la barbarie, de réparer le mal qu'avait produit la destruction de toutes les académies. Comme, après un vaste incendie, l'on dessine avec une régularité nouvelle, et l'on rebâtit avec une beauté supérieure, les villes mêmes les plus admirées; ainsi vont faire les architectes qui relèvent les monuments de l'intelligence : ils créent, d'après un plan encyclopédique, l'institution qui va désormais réunir en un seul corps les représentants du système entier des connaissances humaines.

Parmi les hommes qui jouissaient alors de la plus haute renommée un premier tiers de ces représentants choisi d'après l'évidence de l'admiration publique, dut ensuite, par voie d'élection, compléter les trois Classes de l'Institut national des sciences, des lettres et des arts.

M. de Prony méritait d'être et fut mis au rang des premiers organisateurs, avec Lagrange et Laplace, avec Monge et Berthollet, avec Coulomb et Borda, avec Haüy et Desfontaines, avec Lacépède et Daubenton, c'est-à-dire avec des hommes dont les travaux transmettront la mémoire à la dernière postérité.

Enfin, l'Institut, complétement organisé, put se réunir pour la première fois en 1796 ; trois ans s'étaient écoulés depuis que la persécution vandale avait fermé les académies.

Dans les mauvais temps de l'empire romain, lorsqu'une invasion de barbares avait ravagé les provinces et fait fuir devant elle les défenseurs de la civilisation, après que le torrent dévastateur avait passé, les illustres représentants de la lumière et de la foi se réunissaient en assemblée générale ; là, comptant leurs martyrs, ils en honoraient la mémoire, et saisis d'un nouveau courage, ils reprenaient l'œuvre qui devait triompher à la fin des conquérants et des conquis. Ainsi les membres du conseil œcuménique des connaissances humaines, dispersés naguère, portaient les uns sur les autres un regard de bonheur en revoyant les compagnons de leurs travaux ; mais ils finissaient par un retour d'inexprimable tristesse, en cherchant, sans les trouver, d'autres confrères, non moins illustres, qui ne s'offraient à leur pensée qu'en y rappelant les images de la vertu, de la gloire, de la persécution et de la mort : c'était Bailly, c'était Lavoisier, c'était André Chénier et Condorcet.

M. de Prony trouva l'occasion la plus solennelle de payer un éloquent tribut au premier de ces hommes à jamais célèbres ; à celui dont la vie fut si pure et la mort si barbare.

Il s'agissait de rendre hommage aux travaux ainsi qu'au caractère du savant Pingré, l'un de nos meilleurs et de nos plus laborieux observateurs, qu'une mort récente venait d'enlever à l'Institut encore au berceau.

« On aima son commerce, dit l'ingénieux panégyriste ; il avait une simplicité parfaite, une entière ignorance des petites passions qui troublent le monde, et ce qu'on pourrait appeler *la simplicité des mœurs astronomiques.* »

Ne trouvez-vous pas dans cette peinture, à la fois fine et naïve, le portrait du peintre même qui possédait aussi dans leur simplicité ces mœurs astronomiques si rarement rencontrées quand on sort des Observatoires, où pourtant n'est pas toujours leur résidence. Pingré était le premier astronome que la France eût perdu depuis la mort de Bailly. Aucun hommage académique n'avait encore honoré la mémoire de la plus illustre victime des passions populaires ; M. de Prony, par un mouvement plein de chaleur et de noblesse, évoquant des mânes que la science et la patrie honoraient des mêmes regrets, produisit, sur l'Institut et sur tout l'auditoire, l'impression la plus profonde.

A peine admis au nombre des fondateurs de ce corps, il avait repris la composition de son architecture hydraulique. Dès 1796, il en publia la seconde et dernière partie : c'est là que le monde savant trouve développée, pour la première fois, la description complète des machines à vapeur, d'après le système de Watt, et la théorie particulière au savant français, sur la dilatation des gaz et de la vapeur aqueuse.

En 1797, il est porté par le suffrage de ses collègues au poste éminent de secrétaire pour la classe des sciences physiques et mathématiques.

Vers cette époque, le général Bonaparte revenait dans la Capitale, placé par deux campagnes au rang des plus grands capitaines, et déjà méditant des triomphes d'un nouveau genre. Il lui faut une autre gloire que celle des armes, pour le sortir de pair entre tous les héros que la révolution a fait éclore et grandir. C'est aux sciences qu'il demande une illustration nouvelle : l'Institut la lui donnera.

Déjà deux membres célèbres, envoyés pour diriger le transport des chefs-d'œuvre que donnait à la France le conquérant de l'Italie, Monge et Berthollet, dont les noms inséparables n'offraient au simple soldat que l'idée d'un homme, d'un cœur et d'une gloire, se trouvaient l'un et l'autre enchaînés au char du vainqueur par une amitié captivante, et par des égards tels que Scipion, du sein de sa gloire, les imaginait pour Polybe et pour Lelius (1). A Paris, c'est aux plus grands géomètres, aux ingénieurs les plus célèbres, et surtout à M. de Prony, que le vainqueur adresse ses hommages. La séduction qu'il commence par sa supériorité d'influence et d'action sur les hommes, est achevée par les grâces élégantes et le charme d'une épouse qui sut aussi régner sur les affections; elle accueillit avec une sympathie marquée Madame de Prony qui, par sa beauté, son esprit délicat et ses qualités affectueuses, s'est montrée digne d'avoir eu pour amies, dans la

---

(1) *Fuit hoc in amicitia quasi quoddam jus inter illos, ut militiæ propter eximiam belli gloriam, Africanum ut Deum coleret Lælius; domi vicissim Lælium, quod ætate antecedebat, observaret in parentis loco Scipio.* (Cicero de Republica, lib. I.)

bonne et dans la mauvaise fortune, Mademoiselle de Sombreuil et l'épouse du vainqueur d'Arcole.

Monge et Prony se réunissent pour présenter le général Bonaparte comme candidat dans la section de mécanique, dont ils sont les doyens : l'Institut accueille avec enthousiasme cette proposition, que la flatterie n'avait certes pas inspirée.

Celui qui posséda mieux qu'aucun autre parmi les modernes, le génie des lieux et des temps; celui qui sut le mieux allier la précision des calculs et la profondeur des combinaisons préméditées, à la soudaineté des résolutions sur les champs de bataille, pour obtenir, de forces inférieures, la supériorité sur des ennemis toujours devancés par une intelligence plus rapide et plus élevée; le créateur, en un mot, d'une nouvelle théorie pour résoudre les problèmes de la victoire, celui-là devait prendre rang parmi les représentants de la science qui compte pour éléments le temps, la force et les vitesses : l'étude et la nature en avaient fait un mécanicien sublime.

L'homme du siècle comprit que cette élection ajoutait à son auréole, par cela même, ou plutôt par cela seul qu'elle était bien méritée. Son nouveau titre devint à ses yeux le plus honorable ; aussi, lorsqu'il reparut à la tête d'une armée, il s'intitula dans tous ses actes publics et même dans les ordres du jour adressés à ses soldats, Bonaparte, membre de l'Institut et général en chef.

En attendant la fin des préparatifs d'une grande

et secrète expédition qu'il va commander, le général Bonaparte s'annonce comme *l'écolier*, c'est le mot qu'il emploie (1), comme l'écolier de ses illustres confrères. Il va suivre leurs cours à l'École polytechnique : on dirait qu'il suspend ses lauriers et sa gloire à la porte des amphithéâtres, tant il entre simple et modeste au milieu des maîtres et presque des élèves. C'est déjà l'instinct d'Octave pour s'emparer des grands génies qui le mèneront à l'Empire.

Voilà comment il attache à sa fortune tous les savants qu'il veut entraîner à sa suite, afin de montrer, dans la contrée qui rappelle le nom du plus illustre conquérant, une nouvelle école d'Alexandrie, qui sera l'institut d'Égypte.

---

(1) Lettre du général Bonaparte au président de la classe des sciences mathématiques de l'Institut national (31 décembre 1797) :

« CITOYEN PRÉSIDENT,

« Le suffrage des hommes distingués qui composent l'Institut m'honore. Je sens bien qu'avant d'être leur égal , je serai toujours *leur écolier*. S'il était une manière plus expressive de leur faire connaître l'estime que j'ai pour eux , je m'en servirais.

« Les vraies conquêtes, les seules qui ne donnent jamais aucun regret, sont celles qu'on fait sur l'ignorance. L'occupation la plus honorable , comme la plus utile pour les nations , c'est de contribuer à l'extension des idées humaines. La vraie puissance de la République française doit consister désormais à ne pas permettre qu'il existe une seule idée nouvelle qu'elle ne lui appartienne.

« BONAPARTE. »

Il a de droit Monge et Berthollet, ses amis inséparables; il aura Fourier et Conté; il aura Savigny
et Geoffroy Saint-Hilaire. Il veut leur adjoindre
Prony, dont les talents applicables seront si
précieux, et dont l'expérience dans les travaux
hydrauliques servira pour ouvrir de nouveau les
grandes communications commencées par les
Pharaons et finies par les Ptolémées, entre deux
mers et le Nil.

Malgré la grandeur de ces projets, que la fortune ne devait jamais réaliser, le citoyen Prony,
comme on disait alors, ne se laissa point séduire
par le citoyen général. Il préféra les conseils de
son ami, je dirais presque de son parent Lafon-
taine, tant leur caractère offre d'affinité. La fable
des *deux pigeons* lui revint à la pensée, avec le bonheur goûté sur la terre natale, ou du moins *aux
rives prochaines.* L'air si doux de la patrie; tant de
travaux à poursuivre, dont le seul commencement
a déjà donné la gloire; tant de plaisirs à partager
au sein des arts, avec l'amitié fidèle : tout l'em-
pêcha d'accepter les offres les plus brillantes,
présentées avec éloquence. Ce refus blessa profondément l'homme qui déjà s'exerçait à régner
sur les volontés, qui pardonna peu de se voir privé
d'un concours ardemment souhaité, et qui ne
pardonna jamais la résistance à ses prières.

Peu de temps après le départ de l'armée d'Orient,
M. de Prony devint inspecteur des ponts et chaussées, grade où l'appelaient ses services et ses
travaux; puis directeur de l'école de ce corps (1),

---

(1) Ce fut alors qu'il s'occupa de perfectionner le système

poste où vingt ans auparavant l'avait désigné la prescience affectueuse de son maître, **M. Per-**ronet.

Quinze mois ne se sont pas écoulés et Bonaparte est de retour : l'Égypte soumise, la Syrie tentée, un Gouvernement civil, plus régulier, plus paisible au milieu de la conquête, que celui de la France naguère conquérante, tout proclame l'auteur de ces prodiges comme le sauveur d'une patrie déjà penchée sur le bord de l'abîme. Le Consulat est fondé : c'est le temps des grandes choses, c'est le faîte d'une gloire d'où Napoléon descendra pour traverser l'Empire, et mourir sur un rocher.

Cette position était trop haute pour que le premier Consul, quelle que fût la blessure de son orgueil, descendît à se venger du savant qu'il n'avait pas trouvé docile. Le pardon néanmoins ne fut jamais de l'oubli; un ressentiment perpétuel demeura dans l'âme du dominateur, pour y paralyser la justice et la gratitude.

En même temps, par un contraste digne d'être signalé, le premier Consul, et bientôt après l'Em-

---

d'enseignement de cette école. Pour se faire une idée des progrès opérés pendant une direction de quarante-deux ans, il suffit de comparer l'état des études en 1798 et 1839. Pendant ces quarante et une années, M. de Prony n'a pas formé moins de mille ingénieurs des ponts et chaussées, tous sortis de l'École polytechnique, et dont plusieurs, tels que les Fresnel, les Navier, les Petit, les Dulong, les Brisson et beaucoup d'autres vivant encore, ont acquis une juste gloire dans leur art et dans les sciences.

pereur, jaloux de faire concourir tous les talents du premier ordre aux plus vastes desseins, ne cessèrent pas un moment d'y convier M. de Prony.

La République, épuisée par la guerre, n'avait pas eu de ressources pour accroître ni même pour entretenir les travaux des routes, des ponts, des canaux et des ports; il fallait tout rétablir et tout agrandir : c'était le programme obligé du Gouvernement consulaire.

Napoléon présidait lui-même le conseil des ponts et chausssées, où les travaux en projet étaient librement discutés. Comme il savait écouter, en approfondissant les choses, il jugeait les hommes. Ce fut là qu'il reconnut la valeur de M. de Prony pour éclairer les questions d'art les plus épineuses, avec le secours d'une science rendue plus facile à force de génie. Ce fut là qu'il sentit le besoin et qu'il prit l'habitude de renvoyer à l'examen du grand ingénieur toutes les difficultés qui sortaient du cercle ordinaire. Lorsque les populations lui demandaient quelque nouvel ouvrage d'art, ou quelque voie de communication, s'il pensait que l'importance et l'utilité du travail dussent être prises en considération, sa réponse était prompte et toujours la même : *Je vous enverrai Prony*. C'est comme s'il avait dit : Je vous enverrai la science, l'expérience et la bienveillance en personne. Les citoyens étaient heureux de penser que leurs vœux, leurs intérêts et leurs espérances, allaient être confiés aux méditations d'un tel arbitre.

Voilà comment M. de Prony fut envoyé d'abord sur les points les plus importants du territoire national, entre autres à Lyon, pour juger des travaux hydrauliques à faire au confluent de la Saône et du Rhône; voyage d'où résulta l'une des plus belles études dont ensuite on ait réalisé les conséquences.

Lorsque la fortune propice eut annexé par degrés à l'Empire, le Piémont, les républiques de Gênes et de Venise, la Lombardie, le grand-duché de Toscane et les États romains, Napoléon continua de répondre aux députations des États conquis, ce qu'il répondait aux envoyés de nos départements; et, pour leur tenir parole, *il leur envoyait Prony*.

C'est ainsi que l'illustre ingénieur remplit successivement, jusqu'en 1814, les missions dont il fut chargé pour étudier et perfectionner les travaux maritimes de Gênes, de la Spezzia et surtout de Venise; pour signaler les améliorations du cours du Pô; enfin, pour assigner un plan général au desséchement des marais Pontins.

La surface de l'Italie, sillonnée par tant de torrents, de rivières et de grands fleuves, depuis la crête des Alpes et des Apennins jusqu'aux rivages, si divers de conditions et de formes, qu'offrent l'Adriatique et la Méditerranée, l'Italie offre à l'hydraulique un admirable sujet d'études et d'applications. C'est aussi dans l'Italie que cette science, depuis deux siècles, avait fait les plus grands progrès. Il appartenait à **M.** de Prony de prendre l'étude du mouvement des grandes masses d'eaux courantes, au point où l'avait laissée le génie des Italiens, pour en reculer plus loin les limites;

d'aller dans leur propre pays pour accomplir ce qu'ils n'avaient pas pu faire, pour approfondir l'entrée de leur port le plus célèbre, par l'effet des eaux naturelles habilement dirigées ; et pour rendre à la fertilité cet immense territoire qui s'étend depuis Cisterna jusqu'à Terracine, aux confins du royaume de Naples.

M. de Prony nous a laissé de ce dernier travail un monument précieux. C'est la description hydrographique et historique des marais Pontins, avec l'analyse raisonnée des principaux projets imaginés déjà pour leur desséchement, les projets propres à l'auteur et l'exposition des principes ainsi que des expériences, des nivellements, et des jaugeages, sur lesquels s'appuient la nouvelle théorie et les travaux proposés.

L'étude faite sur les lieux avait été si dangereuse que la constitution athlétique de M. de Prony n'aurait pas pu résister au séjour prolongé que semblaient exiger des observations topographiques pour reproduire exactement le plan des marais Pontins. Cette difficulté le conduisit à l'invention d'une méthode de nivellement trigonométrique, qui conservait l'avantage d'une grande précision, et qui garantissait, autant que la nature des lieux le pouvait permettre, contre l'influence délétère d'une atmosphère empoisonnée.

Ce fut seulement en 1822 que parut l'édition complète du grand travail sur les marais Pontins. Bien que ce fût un monument de l'occupation de l'Italie par les Français, et de la conquête, ou si l'on veut de l'usurpation des États du Saint-Siége

par le Gouvernement impérial, cet ouvrage n'en
fut pas moins considéré comme un bienfait pour
les États romains. Le pape Léon XII admira cette
œuvre de patience, de courage et de génie; il fit
présent, à l'auteur, de son portrait gravé sur une
médaille d'or, accompagné d'une bulle qui portait
ces paroles mémorables :

« Le temps qui s'est écoulé depuis l'origine
« de votre entreprise n'a fait qu'accroître notre
« estime et notre admiration ; nous nous déclarons
« ouvertement pleins de reconnaissance à votre
« égard, pour avoir dirigé vos travaux et vos étu-
« des parfaites vers le double but, de rendre en
« même temps la fertilité et la salubrité à cette
« vaste partie de nos domaines , jadis couverte de
« marais infects : partie que vous nous avez en quel-
« que sorte restituée et garantie, par le plus am-
« ple et le plus magnifique des présents. »

D'après l'incomplet exposé que je viens d'offrir,
on peut apprécier la grandeur, le nombre et l'éclat
des services rendus à la patrie par M. de Prony,
sous le Consulat et sous l'Empire : un sentiment
naturel nous porte à demander quel en fut le juste
salaire ?

En 1804, le premier Consul réalise une institution qu'il a longtemps méditée. C'est une récom-
pense offerte, sous les mêmes insignes, aux grands
services de tous les genres. Le jour où se faisait
aux Invalides, la première distribution des signes
de l'honneur, M. de Prony, l'un des inspecteurs-
généraux d'un grand corps, ne pouvait pas être
oublié. Mais, par une coïncidence digne d'être

remarquée, le plus illustre ingénieur de l'ordre
civil et le plus illustre ingénieur de l'ordre mili-
taire, Prony, l'auteur de tant d'admirables travaux, et Carnot, l'organisateur de quatorze ar-
mées victorieuses, restèrent confondus parmi les
cinquante mille individus auxquels le premier
Consul et l'Empereur accordèrent, en onze années,
la petite décoration du simple légionnaire. Ils fu-
rent tenus sous cette immense niveau de la médio-
crité distinguée, l'un pour avoir, étant ministre,
prétendu garder son caractère; l'autre, on l'a déjà
deviné, pour avoir fait éprouver, vers la fin du
dernier siècle, un simple refus au promoteur de
l'expédition d'Égypte.

En rappelant cette honteuse et double injustice,
avec la sévérité que réclame l'histoire, expliquons
une indulgence qu'il n'appartient qu'aux grands
souverains d'obtenir, même au milieu de leur ingratitude.

Qu'importe à des ingénieurs tels que M. de
Prony, qu'un ornement d'argent ou d'or serve à
parer leur uniforme, lorsqu'un Dieu généreux a
placé sur leur front les insignes du génie? Qu'importe qu'on leur refuse les grandes décorations,
pourvu qu'on leur accorde les grands travaux à
faire, les grands périls à braver, les grandes difficultés à vaincre, et par conséquent la grande
renommée à conquérir? Voilà les honneurs véri-
tables que Napoléon a conférés à l'illustre ingénieur, dans Venise et dans Gênes, sur la Brenta,
sur le Pô, sur l'Adige, dans les Maremmes de
Toscane, et surtout au milieu des marais Pontins.

Lorsque la Restauration arriva, M. de Prony, qui n'avait été le séide d'aucun parti, le favori d'aucun pouvoir, ne pouvait craindre de disgrâce : il obtint justice, et le gouvernement nouveau s'estima trop heureux de pouvoir, en la lui rendant, constater l'ingratitude de l'autorité déchue. Il reçut à longs intervalles des distinctions qu'on accorde si vite aux médiocrités ambitieuses : dans le cours de dix-neuf ans, il fut fait successivement officier de la Légion d'honneur, chevalier de Saint-Michel, baron, et commandeur du premier de ces deux ordres.

Ce qui valait mieux que des signes honorifiques, c'est le bonheur doux et calme que n'altérèrent point les vicissitudes de nos gouvernements. L'oisiveté comparative où le laissait la chute du plus actif des souverains, il la consacrait à rédiger l'historique de ses missions sous le Consulat et l'Empire. Il se délassait de ses méditations les plus profondes par ce culte des beaux-arts et de l'amitié, dont j'ai tâché d'offrir l'image dès le début de ce discours. Il habitait l'hôtel élégant (1) qui, sous le grand siècle, avait réuni les esprits les plus polis, les génies les plus élevés, autour de l'aimable Sévigné. L'élite du nouveau siècle se réunissait dans les salons de M. et de Madame de Prony; ce n'était pas seulement l'Académie des sciences, reçue là comme en son domaine; c'étaient aussi les plus célèbres gens de lettres, les artistes

---

(1) L'hôtel de Carnavalet, rue Culture-Sainte-Catherine, au Marais.

du talent le plus varié, et les gens du monde dignes, par un goût épuré, de compléter de telles réunions. Voilà la société qui savait être tour à tour sublime et charmante, telle que la réunissaient autour d'eux, les illustres hôtes, sans consulter jamais ni passions, ni rivalités, ni rancunes; sans distinguer entre vainqueurs et vaincus, au temps des luttes de parti.

Pour revenir aux études les plus profondes, il faut laisser à l'illustre secrétaire de l'Académie des sciences le soin de faire apprécier les expériences et les découvertes nombreuses de M. de Prony depuis les premières années de ce siècle.

Nous n'avons pas parlé des recherches qu'il a faites, dès 1802, sur la poussée des terres, et d'une formule graphique imaginée par lui pour faciliter la pratique de sa théorie; nous n'avons pas signalé le Mémoire remarquable qu'il a publié vers la même époque, pour appliquer le jaugeage des eaux courantes, avec des formules simples, nouvelles et d'une grande précision, à la mesure des eaux qui devaient alimenter le bassin de partage du canal Saint-Quentin; nous n'avons pas analysé l'ouvrage important, qu'il a publié dans l'année 1804, sur ce sujet envisagé dans toute sa généralité, sous le titre de *Recherches physico-mathématiques sur la théorie des eaux courantes;* nous n'avons pas rappelé son profond résumé de la théorie et des formules relatives au mouvement de l'eau dans les tuyaux et les canaux, résumé qui contient les résultats des expériences les plus précieuses faites sur le même sujet par les savants français et par les savants étrangers ; nous n'avons pas signalé ses inventions variées, telles que son *condenseur de forces* et son *frein dynamométrique*, instrument à la fois ingénieux et simple, imaginé pour mesurer les forces transmises par le moyen d'arbres tournants ; nous n'avons pas non plus mentionné la part qu'il a prise aux travaux du Bureau des longitudes, comme un des géomètres expérimentateurs qui portaient une extrême précision dans leurs moyens d'observer, comme bienfaiteur des calculateurs astronomiques par l'ensemble de ses tables trigonométriques et logarithmiques; enfin, comme inventeur, par ses découvertes sur le pendule. Les deux collections de la *Connaissance des temps* et de l'*Annuaire du Bureau des longitudes* contiennent un grand nombre de mémoires et de recherches profondes dus à M. de Prony.

Celui-ci, jusqu'à la révolution de 1830, dévoué sans cesse au culte des sciences et des arts, s'était abstenu de toute fonction publique étrangère à ses études favorites. Il fallut qu'une Charte nouvelle fît une catégorie spéciale des membres de l'Institut, parmi les admissibles à la Pairie, pour que l'autorité songeât à faire tomber sa faveur, ou plutôt sa justice, sur l'homme éminent que Napoléon avait tenu loin du Sénat, sous un prétexte puéril. Le nouveau choix, qui semblait devoir être fait dès 1832, eût trouvé le baron de Prony dans sa soixante-seizième année. A-t-on pensé que cette époque pouvait être prématurée? A-t-on cru prudent d'attendre quatre ans encore pour ne l'élever à cette dignité, si bien méritée, qu'au moment où ses amis supputaient qu'aurait quatre-vingts ans un mois et vingt jours, le plus paisible des sages?

Même plus jeune, il n'aurait jamais pris part à des luttes orageuses, au grand jour de la tribune; jamais il n'aurait, derrière le rideau, troublé la paix de sa vie par les conflits ardents et secrets des partis. Mais il aurait pu, dans la verdeur de l'âge, et même dans une vieillesse chez lui si longtemps active et féconde, porter la lumière sur une foule de lois utiles relatives aux routes, aux canaux, aux ports, aux chemins de fer. Il arriva trop tard pour rendre à la Pairie ces services précieux. Tout ce que put accomplir son courage fut de siéger avec constance, quand vint le jour du devoir, à titre de juge des grands procès politiques. Dans cette fonction austère, il apporta son amour de l'humanité, rehaussé d'un nouveau lustre par son amour de la justice.

Quand vint sa dernière année, il sentit ses forces décliner par degrés rapides. Il se plaisait plus que jamais dans sa retraite d'Anières, qui lui rappelait les joies et les douleurs de sa carrière; c'est là qu'étaient déposées les cendres de l'épouse attentive et dévouée, qui, pendant quarante années, avait été pour ainsi dire la providence de sa vie domestique. Depuis dix-neuf ans qu'il l'avait perdue, il la regrettait comme au premier moment; chaque jour il allait déposer une fleur sur sa tombe, érigée sous un ombrage qu'ils avaient planté dans leur jeunesse. Quand ses forces l'abandonnèrent, pour rendre toujours possible cette promenade solitaire, qui devenait comme un voyage, l'intelligence attentive et cachée d'une piété vraiment filiale plaçait des siéges qu'elle rapprochait chaque jour pour faciliter le repos dans les allées qui conduisaient de la maison au monument. Enfin, comme il est un terme à toutes choses, cette forte et longue existence de gloire et de travaux, d'affections et de regrets, s'est éteinte dans le calme de la sagesse et dans la paix de la vertu.

Par un testament écrit depuis longtems, comme une pensée profondément réfléchie, il a légué tous ses biens à sa nièce, veuve d'un géomètre, membre de l'Institut d'Egypte et correspondant de l'Institut de France. Cette femme aux sentiments magnanimes, madame de Corencez, s'est montrée digne de ce bienfait, en offrant à l'École des ponts et chaussées l'inestimable présent de la bibliothèque de M. de Prony, la plus riche dans son genre qu'ait pu recueillir, pendant soixante années, aucun ingénieur français : ce don même est une inspiration dont l'honneur rejaillit sur celui qui s'est choisi la digne héritière, élevée sous ses auspices.

Voilà la vie, les travaux, les honneurs, les vertus et les affections de l'homme excellent, de l'homme illustre que les sciences, les arts, la patrie et surtout ses amis, ses élèves, j'ai presque dit ses enfants, ont perdu. Ses ouvrages resteront comme des monuments, sur la route où l'esprit humain s'avance en multipliant ses conquêtes.

L'exemple de ses qualités, le bonheur dont la fortune les a récompensées dans tous les temps, sous tous les régimes, invitera l'ingénieuse et laborieuse jeunesse à la douceur, à la modération, à la bienveillance parfaite, à toute absence d'envie, à la haine des disputes, même sur la renommée, dont les faveurs se donnent surtout à qui, content de les mériter, ne fait rien pour les ravir par l'adresse ou par la force.

La patrie tout entière, en partageant nos regrets, en s'unissant à nos hommages, peut y trouver le sujet des plus hauts enseignements. Nous avons dit quelle fut la carrière du dernier survivant parmi ces illustres savants de la grande génération qui changea la face des connaissances humaines, qui dota son époque de productions immortelles, qui tint pendant soixante années le double sceptre des découvertes physiques et mathématiques; qui, travaillant pour tous les hommes, créa le système de poids et de mesures le plus propre à faciliter les rapports mutuels des nations; qui, travaillant pour la patrie, fit passer son génie dans nos institutions, fonda la première Ecole polytechnique, composa le premier Institut national, et bientôt après l'Institut d'Egypte; qui fit servir ses inventions à préparer, en France et dans l'Orient, le matériel de la victoire, qui, généreuse envers les peuples vaincus, multiplia sur leurs côtes, dans leurs plaines, à travers leurs chaînes de montagnes, et jusqu'au sein de leurs marais assainis, des monuments d'utilité si nombreux, si grands et si beaux, que ces peuples mêmes, eussent-ils été victorieux, n'auraient pas pu se les donner sans nous, pour signaler leur triomphe.

Cette gloire vivra dans la mémoire des nations reconnaissantes, aussi longtemps qu'elles mettront du prix à la civilisation, source de bonheur et de prospérité pour les États; cette gloire, il me semble que ses échos retentissent noblement dans cette enceinte, où la génération puissante et victorieuse a fourni son élite au Sénat, à la Chambre des Pairs. C'est l'honneur des sciences, de pouvoir, en présence de toutes les autres carrières qui donnent l'illustration, présenter ici la leur, sous les noms immortels de Laplace, de Lagrange, de Monge, de Berthollet, de Chaptal, de Daubenton, de Lacépède, de Cuvier et de Prony. Les statues de ces hommes, qui font honneur au genre humain, de pair avec les images des héros et des grands magistrats, devraient orner le palais de la Chambre illustre. Lorsqu'une démocratie jalouse répéterait, en prenant pour réalité chérie l'instinct du néant : *il ne se fait plus de suprématie sociale!* l'histoire répondrait, en montrant les simples noms gravés au bas de ces effigies révérées : Voilà celle qui s'est faite, œuvre du génie, du courage, et de la sagesse, au milieu de saturnales d'une égalité sanglante et mensongère ; ses marchepieds gigantesques ont été les niveaux mêmes de la Révolution. Tel fut ce passé qui touche encore à notre époque. Le présent n'est pas stérile; il accroît, il élève ses supériorités; et l'avenir aura les siennes, pour perpétuer et grandir la gloire de la France.

DE L'IMPRIMERIE DE CRAPELET,

IMPRIMEUR DE LA CHAMBRE DES PAIRS,

RUE DE VAUGIRARD, N° 9.